誰でも書ける！
英語ひとこと手帳
hitokoto

MEMOランダム 編

三修社

はじめに

英語で書く「メモ・手帳・日記」できっちり英語力アップ！

「英語でメモしたり，スケジュールを管理したり，日記をつけたりする方法をアドバイスしてくれる本がほしい！」という，多くの読者からのご要望で本書は実現しました。

英語力は，身近な話題を用いて英語で表現する練習を24時間，意識的にすることでアップします。そのことからも，**「英語で考える」（thinking in English）訓練を継続する**ことができる「24時間，英語で書くメモ・手帳・日記」という方法は，英語力アップに最適なのです。

本書は忙しい方のために，ちょっとしたすき間時間を使って，「英語で考え，英語で書く」という英語力アップのメソッドを駆使して構成。さらに，ゼロから始められるよう，**具体的なアドバイスや豊富な実例を紹介**していますから，今日から気軽にひとりで始められます。

MEMOランダム

CONTENTS

特色と活用法

この3本柱で
英語で「メモ・手帳・日記」が
書ける！

英語で書く
「メモ・手帳・
日記」の

❶ 書き方の基本とコツ
❷ 実例集
❸ 語句・表現の素材集

ゼロから始められる具体的なアドバイスと使える豊富な実例を紹介！

◎英語力は，身近な話題を用いて英語で表現する練習を24時間，意識的にすることでアップ！

◎「英語で考え，英語で書く」という英語力アップのメソッドがこれ！

◎ちょっとしたすき間時間を使って，気軽にひとりで始められる最適な方法！

PART ❶ 英語で書く「メモ・手帳・日記」書き方の基本とコツ

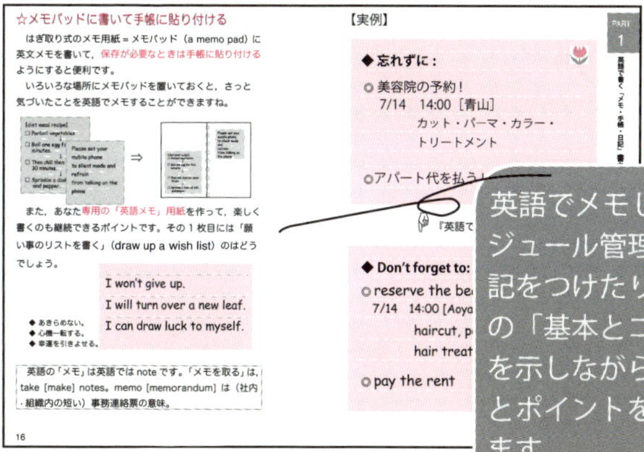

☆メモパッドに書いて手帳に貼り付ける
はぎ取り式のメモ用紙＝メモパッド（a memo pad）に英文メモを書いて，保存が必要なときは手帳に貼り付けるようにすると便利です。
いろいろな場所にメモパッドを置いておくと，さっと気づいたことを英語でメモすることができますね。
また，あなた専用の「英語メモ」用紙を作って，楽しく書くのも継続できるポイントです。その1枚目には「願い事のリストを書く」（draw up a wish list）のはどうでしょう。
I won't give up.
I will turn over a new leaf.
I can draw luck to myself.
◆あきらめない。
◆心機一転する。
◆幸運を引き寄せる。
英語の「メモ」は英語では note です。「メモを取る」は，take [make] notes。memo [memorandum] は（社内・組織内の短い）事務連絡票の意味。
16
【実例】
◆忘れずに：
◎美容院の予約！
7/14 14:00［青山］
カット・パーマ・カラー・トリートメント
◎アパート代を払う！
◆ Don't forget to:
◎ reserve the be
7/14 14:00 [Aoya
haircut, p
hair treat
◎ pay the rent
PART 1

英語でメモしたり，スケジュール管理したり，日記をつけたりする書き方の「基本とコツ」を実例を示しながら，そのコツとポイントを解説しています。

PART ❷ 英語で書く「メモ・手帳・日記」実例集

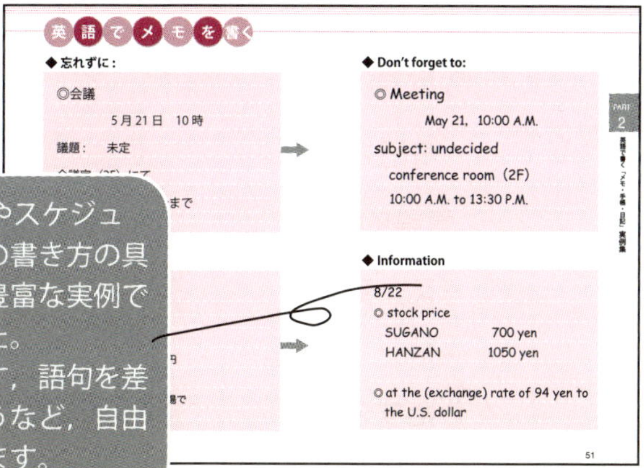

英語でメモやスケジュール，日記の書き方の具体的方法を豊富な実例で紹介しました。
そのまま写す，語句を差し替えて使うなど，自由に活用できます。

PART ❸ 英語で「メモ・手帳・日記」を書くための語句・表現 / 素材集

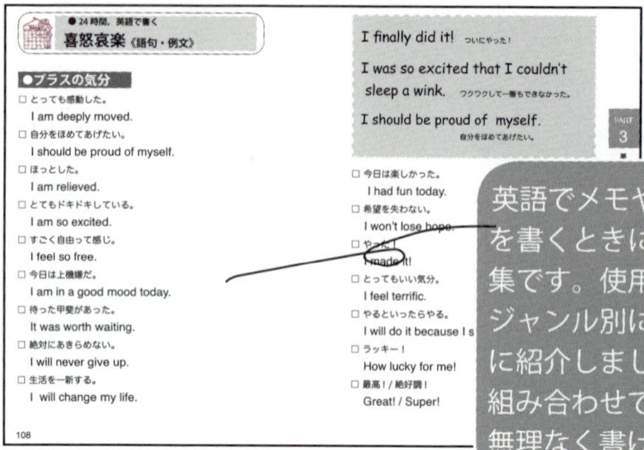
●24時間、英語で書く
喜怒哀楽《語句・例文》

●プラスの気分
□ とっても感動した。
I am deeply moved.
□ 自分をほめてあげたい。
I should be proud of myself.
□ ほっとした。
I am relieved.
□ とてもドキドキしている。
I am so excited.
□ すごく自由って感じ。
I feel so free.
□ 今日は上機嫌だ。
I am in a good mood today.
□ 待った甲斐があった。
It was worth waiting.
□ 絶対にあきらめない。
I will never give up.
□ 生活を一新する。
I will change my life.

I finally did it! ついにやった！
I was so excited that I couldn't sleep a wink. ワクワクして一睡もできなかった。
I should be proud of myself. 自分をほめてあげたい。

□ 今日は楽しかった。
I had fun today.
□ 希望を失わない。
I won't lose hope.
□ やった！
I made it!
□ とってもいい気分。
I feel terrific.
□ やるといったらやる。
I will do it because I s
□ ラッキー！
How lucky for me!
□ 最高！/ 絶好調！
Great! / Super!

108

英語でメモや手帳，日記を書くときに使える素材集です。使用頻度の高いジャンル別に例文を豊富に紹介しました。例文を組み合わせて使うと無理なく書けます。

◆英語で書く根本力をつけるために！◆

◆英語の「入門」や「やり直し」は，本書の姉妹本で！

『ゼロから始める英文法（中学レベル）』（1400円＋税）
『ゼロから始める英文法（高校レベル）』（1400円＋税）
『ゼロから始める英文法（ドリル500）』（1300円＋税）
『ゼロから話せる英会話　CD付』（1500円＋税）
『ゼロから話せる英会話（ドリル500）』（1400円＋税）
（MEMOランダム編・三修社刊）

PART 1

英語で書く「メモ・手帳・日記」書き方の基本とコツ

今日から英語で
メモ・手帳・日記を
書いてみましょう！

☆英語を使う機会を意識的に作る！

楽しく，そして継続してできる英語の学習法があったら……。それには，ごく身近な話題を用いて英語で表現する練習を意識的にすることがとっても効果的です。「起きてから寝るまで」の間，１日に何度も繰り返し練習することで，しっかりと記憶に定着します。英語でメモしたり，スケジュール管理したり，日記をつけたりするのが最適な方法です。ひとりでいつでもどこでも英語ができます。

☆英語で書くコツ

●英語を 24 時間意識して使う＝英語力アップ！
●ひとこと英語で書く。難しい英語を使う必要がない。
●日本語と英語のちゃんぽんで OK。

「私は，今日合コンに行ってきた」という文の「合コン」は英語では説明的にしか訳せませんから，そのままで I went to "GOUKON" today. でいいですね。また，英語で書けないときは日本文まじりでかまいません。日常生活の中で，ふと気付いたことなどをありのままに書き続けたり，予定表や日記を書くことによって表現能力がアップするので，自然に会話力も身に付いてくるようになります。

英語力をアップさせるカギは？

▼

24時間，
英語を使う機会を意識的に作ること！

▼

英語で書けると毎日が楽しくなる

▼

①英語メモで英語を身近に

②英語スケジュールで英語を身近に

③英語日記で英語を身近に

一冊の手帳にまとめる？
それぞれ単独で？

☆日付の書き方（略記）

3 / 8 / 10

(2010年3月8日)

月日が1けたの場合，03/08/10のように0をつけることもあります。

グレイス (Grace) さんの

英語手帳

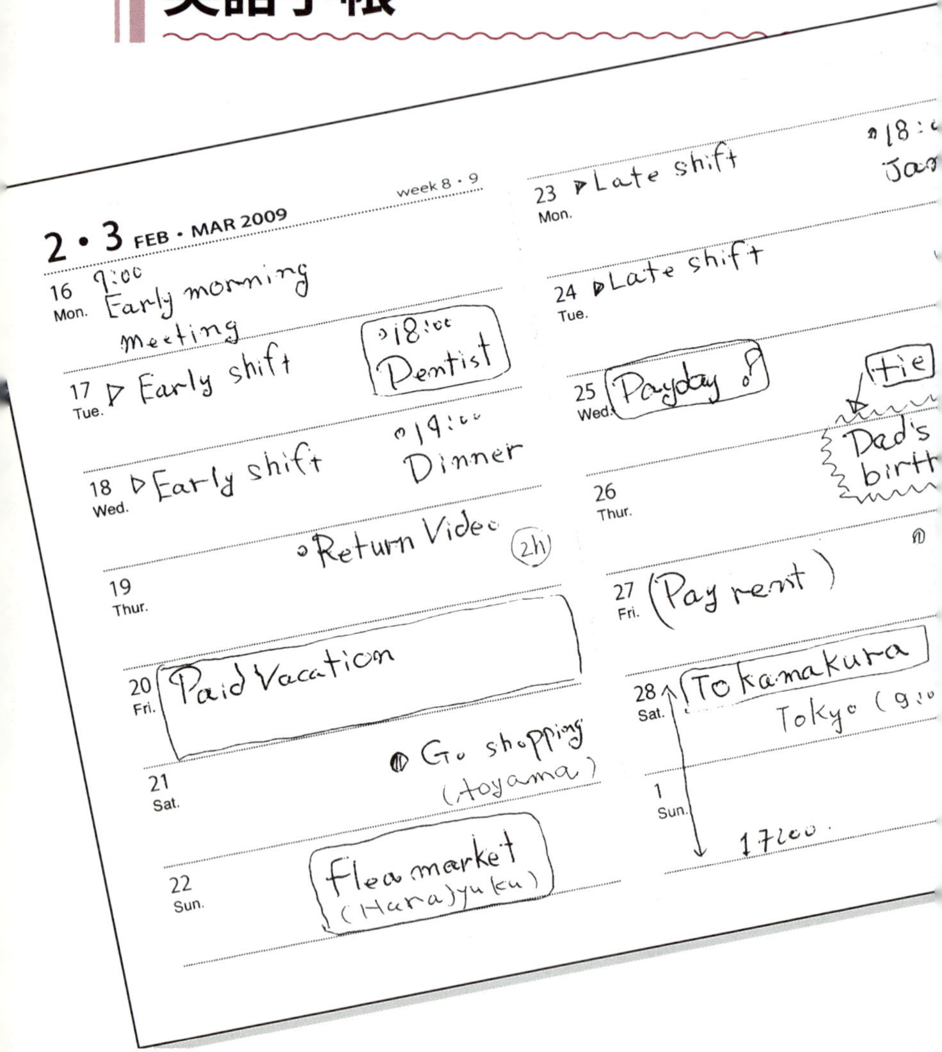

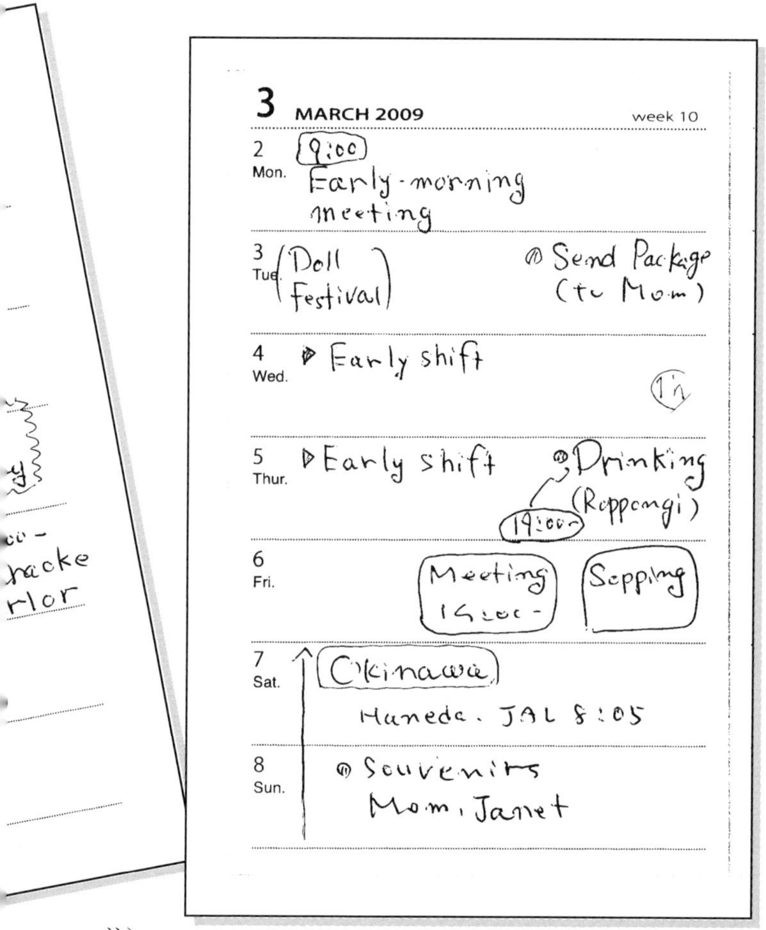

注)

プライバシー保護および日本人学習者のために一部内容は書き変えています。

英語でメモを書くコツ

とにかく，どんどん
英語でメモを書く！
メモパッドに，手帳に

☆書いて確認して英語力アップ

日常生活ではメモを書く機会はとても多いですね。

それを日本語ではなく英語で書いてみましょう。慣れないうちは「どう書いたらいいのか」と，とまどうことが多いと思います。しかし，心配は無用です。

メモは自分だけのものですから，英文の少々のまちがいは気にしないことです。また，わからない語（句）は日本語で書いておきましょう。後でそれらを辞書で確認することで，英語力はどんどんアップします。

☆英語メモの種類

◇ 買うもの：　Things to buy:

◇ 忘れずに：　Don’t forget to:

◇ すること：　To do list

◇ 思いつき，ひらめき

◇ レシピのメモ

◇ テレビを見ながら

◇ 打ち合わせをしながら

など。

【実例】

◆ **買うもの：**

◎ ホッチキス /

◎ クリップ /

◎ ノート

◎ 修正液　　ノート２冊

『英語で書くとー。』

◆ **Things to buy:**

◎ stapler

◎ clip

◎ notebook

◎ whiteout　　two notebooks

☆メモパッドに書いて手帳に貼り付ける

はぎ取り式のメモ用紙＝メモパッド（a memo pad）に英文メモを書いて，保存が必要なときは手帳に貼り付けるようにすると便利です。いろいろな場所にメモパッドを置いておくと，さっと気づいたことを英語でメモすることができますね。英語で書かれた案内板やレシピなどなんでも自由にメモしてみましょう。

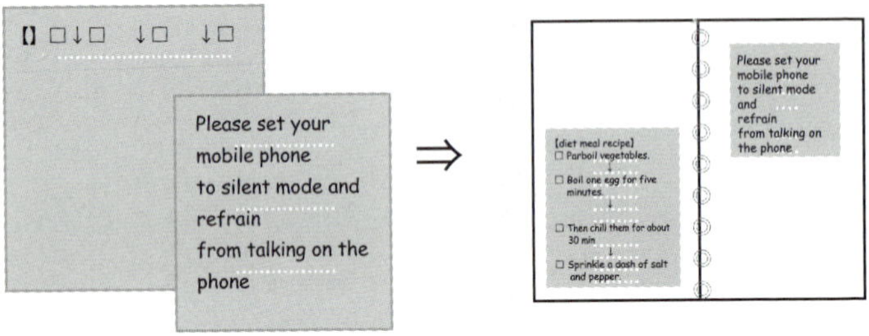

また，あなた専用の「英語メモ」用紙を作って，楽しく書くのも継続できるポイントです。その１枚目には「願い事のリストを書く」（draw up a wish list）のはどうでしょう。

I won't give up.

I will turn over a new leaf.

I can draw luck to myself.

◆ あきらめない。
◆ 心機一転する。
◆ 幸運を引きよせる。

> 英語の「メモ」は英語では note です。「メモを取る」は，take [make] notes。memo [memorandum] は「（社内・組織内の短い）事務連絡票」の意味。

【実例】

◆ **忘れずに：**

◎ 美容院の予約！
7/14　14:00［青山］
カット・パーマ・カラー・
トリートメント

◎家賃を払う！

『英語で書くとー。』

◆ **Don't forget to:**

◎ reserve the beauty salon
7/14　14:00 [Aoyama]
haircut, perm, hair coloring,
hair treatment

◎ pay the rent

英語で手帳に書くコツ

手帳や携帯電話に英語でスケジュールを書く

☆英語アップのための書き方

英語力アップのためには，最初はあまり省略しない形の英文を書くようにしましょう。

例えば，「私は本を返しに図書館に行く」の英文は，

I will go to the library to return books. ですね。

まずは，主語の I を省略して Go to the library to return books のように書きましょう。英文作りに慣れてきたら，略して library (R) とし，スケジュール帳に書き込むようにできますね。逆に「借りる」なら library (B) でいいですね。(B = borrow)

まず 1 日のスケジュールを英語で書いてみましょう。

◆ 予定を記入するときの表現 / （ ）内は省略の表現

8:00	生ゴミを出す	
11:00	スーパーマーケットへ行く	
18:00	マサキとデート	
8:00	Take out the garbage	→（garbage）
11:00	Go to supermarket	→（supermarket）
18:00	Date with Masaki	→（Masaki）

また，確定していない予定についても記号化しておくといいですね。△で予定の事項を囲むのも一つの方法です。

【実例】

● May

8
《Sun.》 Mother's Day 母の日

14:00 Take cooking lesson
料理教室へ通う

9
《Mon.》 Early-morning meeting
早朝会議

18:00 Dinner with Mariko
マリコと夕食

10
《Tues.》

18:00 Go shopping with Mika
ミカとショッピング

11
《Wed.》 Business trip (to Sendai)
出張（仙台へ）

英語で書く！
携帯電話でスケジュール管理

携帯電話でのスケジュール管理が，若い世代を中心に一般的になっています。携帯電話を使うときも，英語でスケジュールやメモを書き込むようにしましょう。

英語がわからないときは，携帯電話のネット機能を使って調べてから書き込めるので便利ですね。

ただし,「合コン」のような新語（?）を辞書で調べると，次のような説明的な訳しか載っていなかったりします。

"（説明的に）a drinking party, at which there are the same number of men and women who are seeking a chance to find a friend of the opposite sex."（ウィズダム和英辞典）

このような単語については，あなた専用の略語を作っておくと役立ちます。例えば，GK = "GOUKON" のように。

☆「携帯」にスケジュールを書くコツ

『☀要約』はたいてい 20 文字(半角 40 字)以内ですから，

「マサキとデート」

Date with Masaki

『♦内容』はたっぷりの容量がありますから，できるだけ英語で書き込みましょう。

「私は土曜の夜にマサキとデートに出かける予定」

「ハチ公前で」

I am going out on a date with Masaki Saturday night. (in front of Hachiko)

【携帯電話】

スケジュール	
☀要約	
Date with Masaki	
♣終日	OFF
♦開始日時	
7/14/10（Sat.）18:00	
◎終了日時	
7/14/10（Wed.）23:00	
☆繰り返し	OFF
⇒アラーム通知	ON
⇔アラーム音	
♦内容	
I am going out on a date with Masaki Saturday night. (in front of Hachiko)	

携帯電話　〈米〉a cellular [a cell] phone
　　　　　〈英〉a mobile phone, a mobile
携帯メール〈米〉an e-mail message on a cellular phone
　　　　　〈英〉an e-mail message on a mobile phone

英語で日記を書くコツ

最初は，その日の気持ちや出来事を英単語１つで表すだけでOK.

☆英語日記を長続きさせる方法

英語で日記を書く（write a diary in English）を長続きさせるコツは，「あれも書こう，これも書こう」と欲張らないことです。

うれしいことや楽しいことがあった日なら
"Happy!" や "Wow!",
悲しいことや辛いことがあった日には
"Sad!"
というように，知っている単語１つの英語日記で始めるのも，継続させるためにはとってもいい方法です。

基本は,「毎日の出来事や思い出をひとこと英語で書く！」が合言葉です。例えば，「同情なんかいらない」I don't need sympathy.（PART 3の素材集）のひとことで十分！

「何も書くことがないなあ」という一日だったら，新聞の記事の切り抜きを貼って，そこに引き出し線をつけて「感動した」I was moved. とか，「現実は厳しいよ」Life is not easy. というように書き込む方法なら，ほとんど無理なく継続できますよ。

【実例】

3/1〈日〉曇り，時々雨

◇体重を減らす決心をした。
3キロやせるわ。
ジョギングする。

食べ過ぎないように。

『英語で書くと一。』

3/1〈Sun.〉cloudy, occasionally rainy

◇I have decided to lose some weight.
I am going to lose 3 kilograms.
I will go jogging.

Beware of overeating.

☆英語日記を書くときの約束事

英語日記の主人公である「私」=「I」や，わかりきった単語は省いてもかまいません。ただ，英語の勉強のためには，最初はあまり省略しないで書くようにしましょう。

また，本書 PART 2 の実例や PART 3 の素材集から 2, 3 の文を選んで書くようにするだけでメキメキ英語日記力はアップします。「ストレスがたまっている」と感じたら，PART 3 の素材集から I am stressed out. を，PART 2 の実例から「新しいヘアスタイルで生まれ変わった気分」I feel like a new person with this new hairstyle. を選んで書くという方法です。

☆アメリカ式で日記を書くには

アメリカでは，Dear Diary, と，日記に語りかけるように書き出す形式も多いので，次に紹介しましょう。

April 25

Dear Diary,

I would like to get married this year.

I would like to find a nice husband.

I will make an effort at KONKATSU.

私は今年こそ結婚したい。
私はすてきな旦那さんを見つけたい。
私は「婚活」をがんばるわ。

【実例】

11/12〈日〉曇り

就職が決まったの。

自分をほめてあげたい。

私の胸は希望でいっぱい！

『英語で書くと一。』

11/12〈Sun.〉cloudy

I got a job.

I should be proud of myself.

My heart is filled with hope.

◆月名・曜日・干支・星座

◆ 月名

□ 1月	January (Jan.)
□ 2月	February (Feb.)
□ 3月	March (Mar.)
□ 4月	April (Apr.)
□ 5月	May
□ 6月	June (Jun.)
□ 7月	July (Jul.)
□ 8月	August (Aug.)
□ 9月	September (Sep.)
□ 10月	October (Oct.)
□ 11月	November (Nov.)
□ 12月	December (Dec.)

◆ 曜日

□ 日曜日	Sunday (Sun.)
□ 月曜日	Monday (Mon.)
□ 火曜日	Tuesday (Tue. / Tues.)
□ 水曜日	Wednesday (Wed.)
□ 木曜日	Thursday (Thu. / Thur.)
□ 金曜日	Friday (Fri.)
□ 土曜日	Saturday (Sat.)

◆ 干支

□ ネズミ	rat	□ 竜	dragon
□ 猿	monkey	□ 牛	ox
□ 蛇	snake	□ 酉	rooster
□ 虎	tiger	□ 馬	horse
□ 犬	dog	□ 兎	rabbit
□ 羊	sheep	□ 猪	boar

◆ 星占い（a horoscope）の星座

右側に示したものはラテン語の言い方ですが，英語名としても使います。

□ 雄羊座	the Ram / Aries
□ 天秤座	the Scales / Libra
□ 雄牛座	the Bull / Taurus
□ さそり座	the Scorpion / Scorpio
□ 双子座	the Twins / Gemini
□ 射手座	the Archer / Sagittarius
□ かに座	the Crab / Cancer
□ 山羊座	the Goat / Capricorn
□ しし座	the Lion / Leo
□ 水瓶座	the Water Bearer / Aquarius
□ おとめ座	the Virgin / Virgo
□ 魚座	the Fish / Pisces

◆日本の祝祭日

元旦	New Year's Day（1月1日）
成人の日	Coming-of-Age-Day（1月第2月曜日）
建国記念の日	National Foundation Day（2月11日）
春分の日	Vernal Equinox Day 年によって変化。（3月21日ごろ）
昭和の日	Showa Day（4月29日）
憲法記念日	Constitution (Memorial) Day （5月3日）
みどりの日	Greenery Day（5月4日）
こどもの日	Children's Day（5月5日）
海の日	Marine Day（7月第3月曜日）
敬老の日	Respect-for-the-Aged Day （9月第3月曜日）
秋分の日	Autumnal Equinox Day 年によって変化。（9月23日か24日）
体育の日	Sports Day（10月第2月曜日）
文化の日	Culture Day（11月3日）
勤労感謝の日	Labor Thanksgiving Day （11月23日）
天皇誕生日	Emperor's Birthday（12月23日）

なお，「振替休日（Substitute holidays）」は上に示していません。

◆日本の年中行事など

正月	New Year's Day
節分	The Bean Throwing Festival (2月3日)
バレンタインデー	Valentine's Day (2月14日)
ひな祭り	Doll Festival (3月3日)
ホワイトデー	White Day
端午の節句	Boys' Festival (5月5日)
母の日	Mother's Day (5月の第2日曜日)
父の日	Father's Day (6月の第3日曜日)
七夕	Star Festival (7月7日)
お盆	Bon / Feast of Lanterns
お月見	Moon Viewing (9月の中ごろ)
七五三	Seven-Five-Three Festival (11月15日)
クリスマスイブ	Christmas Eve
クリスマス	Christmas; Xmas (12月25日)
大晦日	New Year's Eve (12月31日)

◆天気・天候

晴れ	fine / sunny / fair
曇り	cloudy
雨	rainy
晴れのち曇り	fair, later cloudy
曇り時々雨	cloudy, occasionally rainy
雨時々曇り	rainy, occasionally cloudy
しとしと降る雨	drizzling rain
にわか雨	shower
こぬか雨	fine rain
ぱらぱら降る雨	sprinkling rain
小［大］雨	light [heavy] rain
雪	snow
風	wind
そよ風	breeze
雷	thunder
霧	fog
台風	typhoon
暖かい日	warm day
冷え冷えとする日	chilly day
どんよりとした日	gloomy day
暑苦しい日	stifling day

◆結婚記念日

結婚記念日 [wedding anniversary] の名および贈り物の種類は次の通りです。

紙婚式（paper anniversary）	1 周年
木婚式（wooden anniversary）	5 周年
錫（すず）婚式（tin anniversary）	10 周年
水晶婚式（crystal anniversary）	15 周年
陶婚式（china anniversary）	20 周年
銀婚式（silver anniversary）	25 周年
真珠婚式（pearl anniversary）	30 周年
さんご婚式（coral anniversary）	35 周年
ルビー婚式（ruby anniversary）	40 周年
サファイア婚式（sapphire anniversary）	45 周年
金婚式（golden anniversary）	50 周年
エメラルド婚式（emerald anniversary）	55 周年
ダイヤモンド婚式（diamond anniversary）	60［または 75］周年

◆イベント

花見	cherry-blossom viewing
花見に行く	go and see the cherry blossoms
	go flower-viewing
花火大会	firework(s) display
花火を見に行く	go to see fireworks
祭り	festival
祭りをする	hold [celebrate] a festival
新年（宴）会	New Year('s) party
忘年会	year-end (dinner) party
	forget-the-year party
歓迎会	welcome party
送別会	farewell party
送別会を開く	hold a farewell party
結婚式	wedding
結婚式を挙げる	hold [celebrate] a wedding
披露宴	reception; banquet
結婚披露宴	(hold) a wedding reception

結婚記念日	wedding anniversary
同窓会	class reunion
見合い結婚	(an) arranged marriage
父［母］の還暦を祝う	celebrate one's dad's [mom's] sixtieth birthday
引っ越し［す］	move
引っ越し先	one's new address
転居通知を送る	send a change-of-address card
引っ越しパーティ	a housewarming party
日帰りの旅行	a day trip / a one-day trip
日帰りの出張	one-day business trip
フリーマーケット〈ノミの市〉	flea market
ライブに行く	attend a pop music concert
バーベキューにする	barbecue
誕生日	one's birthday
誕生日の贈り物	birthday present [gift]
誕生日を祝う	celebrate one's birthday
お葬式	funeral

夢をかなえるために

手帳に書いておきたい！

◆ すべての夢は叶えられる。

Every dream can come true.

◆ 人生の主人公はわたし。

I star in my own play.

◆ 時々は自分を見つめ直すことが必要ね。

From time to time, I need to reexamine myself.

◆ 自分で決めてがんばったことは力になる。

I am empowered by the things I decide on and work hard for.

◆ 夢が実現しつつある。

My dream is gradually coming true.

◆ 目標に向かって精一杯がんばる。

I am doing everyting I can to a chieve my goal.

◆ 一生懸命に力を注げば、夢のほうから近づいてくる。

If you put all your energy into life, your dreams will come true naturally.

◆ 望みが叶ったわ。

I got my wish.

◆ 夢が現実となった！

My dream has come true!

PART 2

英語で書く「メモ・手帳・日記」実例集

英語でメモを書く

◆買うもの：

2月7日〈金〉

◎ シャンプー
◎ 綿棒
◎ 歯磨き粉
メンソール味

"今日はクーポン割引2倍の日"

◆忘れずに：

3月25日〈月〉

◎ 部屋代の支払い（75,000円）

◎ 小包みを送る

→ タクヤへ

◆ Things to buy:

2/7 〈Fri.〉

◎ shampoo

◎ cotton swabs

◎ tooth paste

mentholated

"Today is double coupon day. "

◆ Don' t forget to:

3/25 〈Mon.〉

◎ Pay room rent (75,000 yen)

◎ Send package

→ to Takuya

英語でメモを書く

◆忘れずに：

◎テレビ番組の予約をセットする

● 6月28日

● 20:00から21:00まで

● NHK,「世界遺産」

◆忘れずに：

◎ 礼状を書く　⇒　鈴木さんへ

◎ 転居届けを出す（市役所で）

5/19

◆ **Don′t forget to:**

◎ Set to record TV program

● June 28th

● from 20:00 to 21:00

● NHK, "Sekaiisan" → World Heritage

◆ **Don′t forget to:**

◎ Write thank you letter

⇒ Mr. Suzuki

◎ Hand in notice of change of address (at city office)

5/19

英語でメモを書く

◆忘れずに：

◎ 通販でエクササイズマシンを買う

◎ 予定表を Fax で送る（マサシへ）

◆願い / 誓い：

2010 年 1 月 1 日

◎ おくびょうな自分にさようなら！

◎ 笑顔が幸せを呼ぶ。

◎ 禁煙を誓う

◆ Don′ t forget to:

◎ Buy exercise machine by mail order

◎ Fax schedule (to Masashi)

◆ hope, wish / resolution:

1 / 1 / 10

◎ Bye bye, timid me!

◎ Smiling brings happiness.

◎ I resolve not to smoke.

英語でメモを書く

◆忘れずに：

9月27日〈木〉

◎ ねこのエサを買う

◎ クリーニングにスカートを出す

◆ クミに電話！（席の予約の件）

◆忘れずに：

◎ タマキの見舞いに病院へ行く

● 転居通知を送る

◎ 定期券購入！

◆ **Don’t forget to:**

9/27〈Thur.〉

◎ Buy cat food

◎ Take skirt to cleaner's

◆ Call Kumi!
(about seat reservations)

◆ **Don’t forget to:**

◎ Visit Tamaki in hospital

● Send change-of-address form

◎ Buy train pass!

英語でメモを書く

◆覚え書き：

【ダイエット料理のレシピ】

□ 野菜を湯通しする。

↓

□ 1つの卵を5分間ゆでる。

↓

□ それらを30分くらい冷蔵庫で冷やす。

↓

□ 塩とこしょうを少々ふりかける。

◆忘れずに：

◎ ネイルサロンの予約！

11/17　18:00［代官山］

◎ 配達日時を指定する

◆ Memo:

【diet meal recipe】

☐ Parboil vegetables.

↓

☐ Boil one egg for five minutes.

↓

☐ Then chill them for about 30 minutes.

↓

☐ Sprinkle a dash of salt and pepper.

◆ Don′t forget to:

◎ Reserve nail salon

11/17　18:00 [Daikanyama]

◎ Specify delivery date

英語でメモを書く

◆忘れずに：

●目覚ましを 6 時にセット

●ゴミを出す

《燃えないゴミ》

◎ 10:00 ブティック「海」 本日開店！

◆書き取り（電車の中の掲示）

マナーモード設定の上,

通話はご遠慮ください。

◆ Don′ t forget to:

● Set alarm clock for six

● Take out garbage

《non-combustible waste》

◎ 10:00 boutique「Umi」 Opened today!!

◆ Dictation:

Please set your mobile phone to silent mode and refrain from talking on the phone.

英語でメモを書く

◆忘れずに：

◎運転免許証を更新する
（市川警察署で）

◎選挙に行く

◎ブラウスをクリーニングに出す

◆忘れずに：

◎花を注文する

（母の 48 回目の誕生日）

◎献血する

◆ **Don′ t forget to:**

◎ Renew driver's license

(at Ichikawa Police Station)

◎ Vote

◎ Send blouse to the dry cleaner's

◆ **Don′ t forget to:**

◎ Order flowers for Mom

(for 48th birthday)

◎ Give blood

英語でメモを書く

◆忘れずに：

◎会議

5月21日　10時

議題：　未定

会議室（2F）にて

10時から13時30分まで

◆情報

8/22

◎ 株価

スガノ　700円

ハンザン　1050円

◎ 1ドル94円の為替相場で

◆ Don' t forget :

◎ Meeting

May 21, 10:00 A.M.

subject: undecided

conference room (2F)

10:00 A.M. to 13:30 P.M.

◆ Information

8/22

◎ stock price

SUGANO	700 yen
HANZAN	1050 yen

◎ at the (exchange) rate of 94 yen to the U.S. dollar

英語でメモを書く

◆伝言

6/18
◎北原さんから電話
　10時30分
〈用件〉
　　明日の午後お伺いしても
　　よろしいでしょうか。

◆ 忘れずに：

◎お客様からクレーム
↓
クレームを処理する！

◆ Message

6/18

◎ Phone call from From Mr. Kitahara

10:30

〈REQUEST〉

May I visit you tomorrow afternoon?

◆ Don′t forget to:

◎ Complaint from customer

↓

Handle complaint!

英語で手帳に書く

◆スケジュール

3/1〈日〉

8:00　生ゴミを出す

11:00　スーパーマーケットへ行く

15:00　料理教室へ

18:00　マリコとディナー

◆スケジュール

9/16〈土〉

今日は心とからだの
メンテナンスの日。

買い物でストレスを発散！

◆ Schedule

3/1 〈Sun.〉

8:00 Take out garbage

11:00 Go to supermarket

15:00 Take cooking lesson

18:00 Dinner with Mariko

◆ Schedule

9/16 〈Sat.〉

Today I will take good care of my heart and body.

Relieve stress by shopping

◆スケジュール

10/12〈月〉

8:00 ↕ 早朝会議

10:00

13:00 取引先と会議

◆スケジュール

12/14〈火〉

7:30 会社に着く。

8:00 仕事を始める。

14:00 会議に出る。

18:00 取引先を接待。

◆ Schedule

10/12 〈Mon.〉

8:00 ↕ Early-morning meeting
10:00

13:00 Meeting with my client

◆ Schedule

12/14 〈Tue.〉

7:30 Get to office

8:00 Get to work

14:00 Attend meeting

18:00 Entertain customer

◆スケジュール

●7月

13
《日》
10:00　就職説明会
図書館へ行く

14
《月》
18:00　ハチ公前で待ち合わせ（ヒロ）

15
《火》
講義に出る（英詩）
マサキと渋谷駅で会う

16
《Wed.》　卒論を書く
↕ 講義なし

◆ Schedule

● July

13
《Sun.》

10:00 Job fair

Go to library

14
《Mon.》

18:00 Meet Hiro in front of Hachiko

15
《Tue.》

Attend lecture (English poetry)

Meet Masaki at Shibuya Station

16
《Wed.》 Write graduation thesis

↕ No lecture

◆スケジュール

●7月

22
《日》 鎌倉へ日帰り旅行へ

両親のためのお土産を買う

23
《月》 10:00 編集会議

18:00 ミカと夕食

◎ビデオを返す

24
《火》 遅番

タクミとカラオケに行く

25
《水》 新人研修会

18:30 歯医者に行く

◆ Schedule

● July

22
《Sun.》 Take day trip to Kamakura
Buy souvenir for parents

23
《Mon.》 10:00 Editorial meeting
18:00 Dinner with Mika
◎ Return video

24
《Tue.》 Late shift
Go to karaoke parlor with Takumi

25
《Wed.》 New employee training
18:30 Go to dentist

◆スケジュール

●11月

2〈月〉発送
名刺の発注

3〈火〉書類の整理

4〈水〉請求書をつくる
営業に出る
契約が取れた。

5〈木〉納品

6〈金〉得意先回り

7〈土〉定期検診に行く
庭の手入れをする

8〈日〉ヒカルと旅行に出かける

◆ Schedule

● November

2 〈Mon.〉 Shipment
Order business cards

3 〈Tue.〉 Organize papers

4 〈Wed.〉 Write up invoice
Do sales work
I got the contract.

5 〈Thur.〉 Delivery

6 〈Fri.〉 Call on customers and clients

7 〈sat.〉 Go for my regular physical
Work in the garden

8 〈Sun.〉 Go on trip with Hikaru

◆スケジュール

●11月

19〈月〉アユと喫茶店で待ち合わせ

20〈火〉買い出しに行く

21〈水〉飲み会（同僚と）
（18:00 居酒屋 - メシ）

22〈木〉19:30 カラオケに行く
（トシと）

23〈金〉給料日

料理教室へ通う

24〈土〉実家に帰る

25〈日〉投票場へ行く

部屋の模様替えをする

◆ Schedule

● November

19 〈Mon.〉 19:00 Meet Ayu at coffee shop

20 〈Tue.〉 Go food shopping

21 〈Wed.〉 Drinking (with co-workers)
(18:00 izakaya-Meshi)

22 〈Thur.〉 19:30 Go to karaoke parlor
(with Toshi)

23 〈Fri.〉 Payday

Take a cooking lesson

24 〈Sat.〉 Visit parents

25 〈Sun.〉 Vote

Redecorate room

◆ Schedule

May 5月

1 〈Wed.〉

2 〈Thur.〉

3 〈Fri.〉 Go to "GOUKON" 合コンに行く

4 〈Sat.〉

5 〈Sun.〉 Dad's sixtieth birthday celebration 父の還暦祝い

6 〈Mon.〉 Early shift 早番

7 〈Tue.〉

8 〈Wed.〉 Meeting with client 取引先と会議

9 〈Thur.〉

10 〈Fri.〉 ↑ Company trip to Izu

11 〈Sat.〉 伊豆へ社員旅行

12 〈Sun.〉

13 〈Mon.〉 ↓

14 〈Tue.〉 My birthday 誕生日

15 〈Wed.〉

16 〈木〉 One-day business trip 日帰りの出張

17 〈Fri.〉

18 〈Sat.〉 Day trip to Kyoto 京都へ日帰り旅行

19 〈Sun.〉 Flea market フリーマーケット

20 〈Mon.〉 Late shift 遅番

21 〈Tue.〉 ↑

22 〈Wed.〉 Paid vacation 有給休暇

23 〈Thur.〉 ↓

24 〈Fri.〉 Payday 給料日

25 〈Sat.〉 Go shopping 買い物に行く

26 〈Sun.〉 Play golf ゴルフをする

27 〈Mon.〉

28 〈Tue.〉 Inventory 棚卸し日

29 〈Wed.〉

30 〈Thur.〉 Pay rent アパート代を払う

1月2日〈月〉雪

◎ おみくじを引く

大吉

吉

小吉

凶

◎ 私の運勢は大吉です！

◎ 今年私の運勢は良い 。

5月11日〈火〉 曇り時々雨

私は合コンに誘われた。

でも，私はどうしようかな？

すてきな男の子が来るといいけれど。

ミカに相談してみよう。

一緒にミカが行ってくれるといいのだけれど。

◆ Dear Diary,

1/2 〈Mon.〉 snow

◎ Got fortune paper from shrine
best
better
good
bad

◎ I got the best fortune !

◎ This is a lucky year for me.

◆ Dear Diary,

5/11 <Tue.> cloudy, occasionally rainy

I was invited to a "GOUKON."
But what will I do?
I hope that a nice guy comes.
I will consult Mika.
I hope that Mika can come with me.

7月19日〈木〉 晴れのち曇り

今日は楽しかった。
今夜は友人たちと夕食を食べた。
おしゃべりをして楽しく過ごした。
2時間おしゃべりした。
みんな楽しそうだった。

6月15日 〈金〉 曇り

掘り出し物のアクセサリーをゲット！
気分は最高！
一日中歩き回って疲れたな。

今日はお月見です。

◆ Dear Diary,

7/19 〈Thur.〉 fair, later cloudy

Today was fun.

I ate dinner with friends tonight.

We had a good time talking.

We talked for two hours.

Everybody looked happy.

◆ Dear Diary,

6/15 〈Fri.〉 cloudy

I got a great deal on some accessories.

I feel splendid.

I am tired from walking around all day.

Today is the Moon-viewing Festival.

11 月 12 日〈水〉晴れ
今週は勉強が忙しい。
レポートを木曜日までに終わらせなくてはならない。
憂うつな気分だわ。
前向きに考えて，モモ！

9 月 19 日〈月〉雨時々曇り
就職活動はストレスがたまる。
来週は学園祭がある。
新しいヘアスタイルで生まれ変わった気分。
いつもと違う色の洋服を着て買い物をしよう。

◆ Dear Diary,

11/12 〈Wed.〉 sunny
I am busy studying this week.
I must finish the report by Thursday.
I feel blue.
Think positive, Momo!

◆ Dear Diary,

9/19 〈Mon.〉 rainy, occasionally cloudy
Job-hunting is stressful.
We're having a school festival next week.
I feel like a new person with this new hairstyle.
I think I'll wear different-colored clothes from what I usually wear when I go shopping.

3月12日 曇り時々雨

10時まで残業。

毎晩残業をしなければならないよ。

この仕事に向いてない。

仕事を辞めたいわ。

"つらく長かった1日，さようなら！"

4月13日〈水〉 曇り

なんと気持ちのいい日でしょう！

空には雲ひとつなかった。

ヒロと映画を見て楽しかった 。

その後，ピザ屋へ行った。

ヒロ，私にプロポーズしてくれないかな。

◆ Dear Diary,

3/12 〈Sat.〉 cloudy, occasionally rainy

I worked overtime until ten.

I have to work overtime every night.

I'm not suited for this job.

I want to quit my job.

"Goodbye to another tough day."

◆ Dear Diary,

4/13 〈Wed.〉 cloudy

What a lovely day!

Not a cloud in the sky.

I had a good time at a movie with Hiro.

After that, we went to a pizza restaurant.

I want Hiro to propose to me.

2月7日〈木〉晴れ

● 良い一日だった。

宝くじが当たった！（1,000円）

新しい彼ができた。

《夢みたい！》

4月27日〈火〉小雨

六本木で高校時代の友人に会った。

私たちはコーヒーショップに行った。

彼女は結婚している。

いいなとちょっと思ってしまう。

◆ Dear Diary,

2/7〈Thur.〉 fair

● It was a good day.
I won the lottery! (1,000 yen)
I've got a new boyfriend.

《I'm walking on air.》

◆ Dear Diary,

4/27〈Tue.〉 light rain

I met an old friend from high school in Roppongi.
We went to a coffee shop.
She is married.
I'm a little jealous.

12月16日〈月〉晴れのち曇り

明日はタクヤとデート。
彼と会うのが待ち遠しい。
私はいつも彼のことばかり考えている。
明日，天気になあれ。

10月19日〈水〉晴れ
▶クミと私は夜行バスで京都へ出かけた。
私たちはみやげ物をたくさん買った。
食べて，観光して，楽しかった。

◎ 母に小包を送った。

◆ Dear Diary,

12/16〈Mon.〉fair, later cloudy

I am going on a date with Takuya tomorrow.

I can't wait to see him.

I'm always thinking about him.

I hope it's nice tomorrow.

◆ Dear Diary,

10/19〈Wed.〉fair

▶ Kumi and I took an overnight bus to Kyoto.

We bought a lot of souvenirs.

We had fun eating and sightseeing.

◎ I sent a package to my mother.

11月9日〈金〉雨

昨年，マンションを買った。
月々のローンの返済が大変だ．
節約しなくちゃ。

◎スガノの株を 1,000 株買う

3月1日〈日〉曇り時々雨

タクヤとけんかした。
" 幸せを欲張りすぎると，みんなポケットからこぼれ落ちてしまう。"
仲直りできますように。

◆ Dear Diary,

11/9 〈Fri.〉 rainy

I bought a condo last year.

The monthly loan repayments are a real burden.

I have to save money.

◎ Buy 1,000 shares of Sugano stock.

◆

3/1 〈Sun.〉 cloudy, occasionally rainy

I had a fight with Takuya.

"Happiness falls out of your pocket, if you want too much of it."

I hope we can patch things up.

場所・方向・時間・関係などを表す単語
英語で「メモ・スケジュール・日記」を書くために

□ about	～についての
□ after	～の後で［に］
□ against	に反対して，～に対して
□ along	～に沿って
□ at	［場所・位置］～に，～で，［時間］～の時に ［方向・目標］～をめがけて
□ before	～の前に
□ behind	～の後ろで［に］，遅れて
□ between	～の間に
□ by ［手段・方法］～で，～では，～のそばに	
□ for	［行先・方向］～に向けて
□ from	［動作や順序の起点］～から
□ of	［所属］～の ［所有］～をもった ［部分］～の中で
□ on	［場所・位置］～の上に，～に接して ［時］～に，［動作・目的］～で，～のために
□ till / until	～まで / from morning till night　朝から晩まで
□ to	［運動の方向］～へ，～に，～の方へ ［到達点］～まで，［時間・時］～まで
□ under	～の下に，～の下で
□ with	～と共に，～と一緒に

PART 3

英語で「メモ・手帳・日記」を書くための語句・表現／素材集

メモやスケジュール，日記を英語で書くための
日常の動作を表す単語

日常生活の動作を細かく見ていくと無数にあります。そのなかでメモやスケジュール，日記を英語で書く上で特に欠かすことができない重要な動作の単語を取り出してみました。

□ **arrive**	着く，到着する
□ **ask**	たずねる，頼む
□ **become**	～になる
□ **begin**	始め［ま］る
□ **believe**	信じる
□ **belong**	属する
□ **borrow**	借りる
□ **break**	こわす，割る
□ **bring**	～を持ってくる，連れて来る
□ **build**	建てる，造る
□ **burn**	燃える，燃やす
□ **buy**	買う
□ **carry**	運ぶ，持っていく
□ **call**	呼ぶ，電話をかける
□ **catch**	つかまえる，間に合う
□ **choose**	選ぶ
□ **climb**	登る
□ **collect**	集める
□ **come**	来る
□ **continue**	続いている，続ける
□ **cost**	（費用が）かかる
□ **count**	数える
□ **create**	創造する，生みだす

□ **decide**	決心する / 決める，決定する
□ **draw**	（図や絵を）描く / ～を引く
□ **drink**	～を飲む，（飲み物を）飲む
□ **drive**	～を運転する
□ **eat**	～を食べる，食う
□ **enjoy**	～を楽しむ，楽しんで～する
□ **enter**	～に入る
□ **examine**	～を調査［検査］する，試験する
□ **expect**	期待する，予期する，
□ **explain**	説明する，明らかにする
□ **feel**	～を感じる / ～のような気がする
□ **find**	～を見つけだす，～とわかる
□ **finish**	～を終える，～してしまう
□ **forget**	～を忘れる，思い出せない
□ **get**	～を得る，手に入れる /（病気に）かかる
□ **give**	人に～を与える / ～を支払う
□ **go**	行く，出発する，去る
□ **grow**	成長する，大きくなる
□ **hear**	～を聞く，～聞こえる
□ **hold**	～を持つ，にぎる / 催す / 支える
□ **hope**	～を望む，～したいと思う
□ **imagine**	想像する，～と思う
□ **impress**	～印象づける，～感銘を与える
□ **invite**	～招待する
□ **know**	～を知る，知っている
□ **learn**	学ぶ，覚える
□ **leave**	～を去る，出発する / ～を残す / ～のままにしておく
□ **lend**	（人）に～を貸す

□ **listen**	聞く /~ **listen to** ～を聞く
□ **live**	住む / 生きる
□ **lose**	～を失う /（時計が）遅れる / ～に負ける
□ **make**	作る / ～になる , ～をする , 行う /
□ **marry**	～と結婚する
□ **meet**	～に会う , ～出迎える
□ **move**	動く，動かす, 引っ越す
□ **pass**	通る /（時が）たつ，～を手渡す
□ **pay**	～支払う
□ **pick**	～を選び取る / ～を摘む
□ **prepare**	準備する，用意する
□ **protect**	～を守る，防ぐ
□ **pull**	引く，引っ張る
□ **push**	押す
□ **put**	～を置く，据える
□ **read**	～を読む
□ **receive**	～を受け取る
□ **remember**	～を覚えている / ～を思い出す
□ **repeat**	～を繰り返す
□ **return**	帰る，もどる / ～を返す，もどす
□ **ride**	～に乗る，乗って行く
□ **rise**	起きる / のぼる，上がる
□ **run**	走る / ～を経営する
□ **say**	言う /（本・手紙などに）書いてある
□ **see**	～を見る / ～に会う / わかる
□ **sell**	～を売る
□ **send**	～を送る，出す
□ **set**	～を置く / ～に固定する /（日・月が）沈む
□ **show**	人に～を見せる [教える]，示す

□ **shut**	～を閉める，閉じる
□ **sing**	歌う，（鳥が）鳴く
□ **sit**	座る，腰かける
□ **sleep**	眠る
□ **smile**	笑う，ほほえむ
□ **speak**	話す，言う
□ **stand**	立つ，立ち上がる / ～にある
□ **start**	始め［ま］る，出発する
□ **stay**	とどまる，滞在する
□ **study**	～を勉強する，学ぶ
□ **support**	支える，支持する，維持する
□ **take**	取る / ～持って行く /（時間が）かかる
□ **talk**	話す，語る
□ **teach**	～を教える
□ **tell**	～に…を話す，言う，告げる
□ **think**	考える，思う
□ **touch**	～に触れる，さわる
□ **try**	～を試みる，やってみる
□ **turn**	～をまわす / ～の向きを変える / まわる
□ **understand**	～を理解する
□ **use**	～を使う，用いる
□ **visit**	～を訪問する，～に会いに行く
□ **wait**	待つ
□ **walk**	歩く
□ **want**	～を欲する，～したい
□ **wash**	～を洗う，洗濯する
□ **wear**	～を身につけている
□ **wish**	～を望む，したい
□ **work**	働く，仕事をする
□ **write**	～を書く

●24時間，英語で書く

午前中の動作《語句・例文》

【早朝】

□ 起きる，体を起こす	get up
□ 歯を磨く	brush one's teeth
□ ひげをそる	shave
□ 顔を洗う	wash one's face
□ 髪をとかす	comb one's hair
□〈髪を〉整える	fix
□ 服を着る	put on one's clothes
□ コーヒーを入れる	make coffee
□ 眼鏡をかける	put on one's glasses
□ 化粧をする	put on one's makeup
□ 香水をつける	put on some perfume
□ 外へ出る	go out
□ ジョギングをする	go jogging
□ 犬を散歩させる	walk one's dog
□ 靴をはく	put on one's shoes
□ 家を出る	leave the house
□ ゴミを出す	take out the garbage
□ ～をクリーニングに出す	take ~ to the dry cleaner

I turn on the computer and check my e-mail.

パソコンのスイッチを入れ，Eメールが届いていないか調べる。

I turn off the computer.

パソコンのスイッチを切る。

【午前中】

□ 通勤する	go to work
□ 電車を待つ	wait for the train
□ マイカー通勤する	drive to work
□ 皿を洗う	wash the dishes
□ 部屋を片付ける	tidy one's room
□ 掃除する	clean
□ 居間を掃除する	clean the living room
□ 洗濯をする	do the washing
□ 洗濯物を干す	hang out the laundry
□ 掃除機をかける	vacuum
□ スイッチを入れる	turn on
□ スイッチを切る	turn off
□ メールを送信する	send e-mail

□ メールをチェックする

check one's e-mail

□ いつも6時に起きる。

I always get up at six.

□ 歯を磨く。

I brush my teeth.

□ ひげをそる。

I shave.

□ 顔を洗う。

I wash my face.

□ トースターでパンを焼く。

I make toast.

□ 化粧水をつける。

I put on some skin lotion.

□ 早朝に犬を散歩させる。

I walk my dog early in the morning.

□ 私は電車で通勤している。

I go to work by train.

□ 私はマイカー通勤。

I drive to work.

□ 窓を拭く。

I clean the windows.

I comb my hair.

髪をとかす。

I put on some skin lotion.

化粧水をつける。

I take out the garbage when leaving.

出かけるついでにゴミを出す。

□ 毎朝洗濯する。

I do the washing every morning.

□ 部屋を片付ける。

I tidy my room.

□ 毎日掃除機をかける。

I vacuum every day.

□ パソコンのスイッチを入れる。

I turn on the computer.

□ 毎朝，メールをチェックする。

I check my e-mail every morning.

□メールを送信する。

I send e-mail.

● 24 時間，英語で書く

午後の動作《語句・例文》

□ 洗濯物	the laundry（= the washing）
□ 衣類をたたむ	fold the clothes
□ アイロンをかける	iron the clothes
□ ～に電話する	call ~ up
□ 買い物に行く	go shopping
□ 花を生ける	arrange flowers
□ 教習所に通う	go to driving school
□ ゴルフをしに行く	go golfing
□ おしゃべりをする	chat
□ 立ち読みをする	read in the bookstore
□（草木に）水をやる	water

□ 今日は午後買い物に出かけた。

I went shopping this afternoon.

□ 服を着替えて買い物に行こう。

I will change clothes and go shopping.

□ 公園をぶらぶらした。

I wandered around in the park.

One of my good friends called me up.

仲のよい友人から電話があった。

I chatted with my friends at the coffee shop.

私は友だちと喫茶店で語り合った。

I got home around six.

6 時頃帰宅しました。

☐ 教習所に通う。

I go to a driving school.

☐ 手紙をマリアに出した。

I mailed a letter to Maria.

☐ 父に小包を送った。

I sent a package to my father.

☐ 音楽を聴いて気晴らしした。

I listened to some music to unwind.

☐ 洗濯物を取り込む。

I take in the laundry [washing].

☐ 夕方，庭の花に水をやる。

I water the flowers in the garden in the evening.

24時間，英語で書く

夕方から夜の動作《語句・例文》

□ 犬にえさをやる	feed one's dog
□ 夕食の準備をする	prepare dinner
□ 夕食の時間	dinner time
□ 家族のために	for one's family
□ 外食する	go out for dinner
□ デートに出かける	go out on a date
□ 風呂をわかす	prepare a bath
□ シャワーをあびる	take a shower
□ 風呂に入る	take a bath
□ テレビでスポーツを見る	watch sports on TV
□ テレビを見る	watch TV
□ テレビをつける	turn on the TV
□ 明かりを消す	turn off the lights
□ テレビゲーム	video game
□ バラエティ番組	variety show
□（目覚まし時計を）…時にセットする	set the alarm clock for ...
□ 日記を書く	write in one's diary
□ 家計簿をつけている	keep household accounts

I have to prepare dinner for my family.
私は家族のために夕食の準備をしなければならない。

I cooked tempura tonight.
今夜は天ぷらを作った。

We are going out for sukiyaki tomorrow.
明日，みんなですき焼きを食べに行くつもり。

□ うちでは７時に夕食。
We have dinner at seven.

□ 私たちは月に１回は外で夕食を食べる。
We go out for dinner once a month.

□ 花火大会を見に行った。
I went to see the fireworks.

□ 一日中歩き回って疲れた。
I am tired from walking around all day.

□ ビールを飲みながらテレビでサッカーを見るのが好き。
I like watching football on TV with a glass of beer.

□ 目覚まし時計を５時に合わせた。
I set the alarm clock for five.

●24時間，英語で書く

週末の行動《語句・例文》

□（本などを）拾い読みする	browse
□（電池など）切れた	dead
□（時間やお金を）費やす	spend
□ 暇つぶしをする	kill time
□ カラオケに行く	go to a karaoke bar [parlor]
□ 泳ぎに行く	go swimming
□ 写真を撮る	take a picture
□ ビデオに撮る	videotape
□ 映画を見に行く	go to the movies
□ のんびりする	relax
□ 温泉	hot spring
□ 温泉に行く	go to a hot spring
□ 道具，用具	tool
□ ガーデニング	gardening
□ 修理する	fix
□ 楽しい時を過ごす	have a good time
□ 日帰り旅行をする	take a day trip
□ バーベキューをする	have a barbecue
□ キャンプする	camp (out)

I stayed home the entire weekend.
週末はずっと家にいる。

I rent videos on weekends.
週末にビデオを借りる。

I returned videos on the weekend.
週末にビデオを返した。

□ キャンプに行く go (out) camping

□ 釣りに行く go fishing

□ 3日間実家で過ごした。

I spent three days at my parents' home.

□ 彼女は自分の部屋でインターネットをしている。

She is browsing the Net in her room.

□ きょうは庭の生け垣を修理するつもり。

Today, I'm going to fix the fence in the yard.

□ ジャイアンツが勝った。

The Giants won.

□ ジャイアンツが負けた。

The Giants lost.

● 24時間，英語で書く

仕事・職場《語句・例文》

□ 同僚	co-worker / colleague
□ 会議	meeting
□ 会議に出席する	attend a meeting
□ 出勤する	go to work
□ 帰宅する	leave work
□ 残業	overtime work
□ サービス残業	overtime work without pay
□ サービス残業する	work late without overtime pay
□ メールをチェックする	check one's e-mail
□ メールを受け取る	receive e-mail
□ メールを送信する	send e-mail
□ メールを返信する	return e-mail
□ 遅刻	lateness
□ 会社に遅刻する	be late for work
□ 欠勤	absence
□ 昇進	promotion
□ 昇給	raise
□ 出張	business trip
□ 休暇	vacation

I am on my annual vacation. 年休を取っている

I take two weeks' paid vacation a year.
年に２週間の有給休暇を取る。

I am going to Sapporo on a business trip tomorrow. 明日は札幌へ出張。

I have to attend a meeting.
会議に出なければなりません。

□ 有給休暇	paid vacation
□ …日間の有給休暇を取る	take ... days off with pay
□ 生理休暇	menstrual leave
□ 転勤	transfer
□ 出向	loan
□ 出向する	go on loan
□ 退職	retirement
□ 辞職	resignation
□ 解雇	dismissal
□ 転職	job change
□ …に就職する	take a job with ...
□ 職を探す	look for a job
□ 転職する	change jobs

□ 失業する	lose one's job
□ パートタイマー	part-time worker
□ パートをする	work part time
□ 健康診断	physical checkup
□ 健康保険証	health insurance card
□ ボーナス	bonus
□ 会社	company
□ 給料日	payday
□ 給料	salary
□ ボーナス	bonus

□ 給与３か月分のボーナス

bonus equivalent to three months' pay

□ 年収	annual income
□ 週休２日制	five-day work week
□ 会議	conference
□ 提案	suggestion
□ 資料	material
□ 重要書類	important papers
□ 契約する	contract
□ 契約書	(written) contract
□ 仕事 / 職	job
□ 就職難	job scarcity

□ 求人	recruiting

【会社組織】

□ 本社	headquarters
□ 支社	branch
□ 工場	factory
□ 企業	enterprise
□ 資本	capital
□ 資金	funds
□ 株式	stock
□ 倒産	bankruptcy
□ 経営者	proprietor
□ 会長	chairman
□ 重役	executive
□ 社長	president
□ 副社長	vice-president
□ 取締役	director
□ 部長	manager
□ 監査役	auditor
□ 課長	section chief
□ 社員	employee
□ 部	department
□ 課	section
□ 上司	boss

● 24時間，英語で書く

学生生活《語句・例文》

□ 入学試験

entrance examination

□ 入学試験を受ける

take an entrance examination

□ 新入生

freshman

□ 入学手続き

admission procedures

□（学校の）文化祭

school festival

□ 就職活動

job hunting

□ 就職試験

job interview

□ 就職説明会

job fair

□ 就職する

find work

□ 就職を申し込む

apply for a job

I have to finish the report by Thursday.
レポートを木曜日までに終わらせなくてはならない。

The homework is due by next Monday.
宿題の締切りは来週の月曜日。

I will study hard this semester.
今学期は頑張って勉強する。

I want to get better grades this semester.
今学期はもう少しいい成績を取りたいわ。

□ 卒業式
graduation ceremony

□ 卒業式の日
graduation day / commencement

□ 卒業試験
graduation examination

□ 卒業証書
diploma

□ 卒業生
graduate

□ 卒業旅行
graduation trip

□ 卒業論文
graduation thesis

□ 明日はフランス語のテストだ。

We have a French test tomorrow.

□ 今日，英語の小テストがあった。

We had an English quiz today.

□ 試験で８つ間違えた。

I made eight mistakes on the exam.

□ 宿題がたくさんあるの。

I have a lot of homework to do.

□ 勉強する気がしない。

I don’t feel like studying.

□ 試験勉強をしなくては。

I have to prepare for the test.

□ 今週は勉強が忙しい。

I am busy studying this week.

□ 授業に 10 分遅刻した。

I was ten minutes late for class.

□ 成績が上がらない。

I am not doing well in school.

□ 落第してしまうわ！

I’ll fail the year.

□ 体育祭が待ちどうしい。

I can’t wait for the field day.

It is hard to get a job this year.

今年は就職難だ。

I am busy looking for a job.

就職活動で忙しい

My job-hunting is going well.

就職活動はうまくいっている。

□ 明日は授業参観日。

Tomorrow is an open house.

□ 追試を受けなくちゃ。

I have to take a make up test.

□ 中間試験はとても難しかった。

The midterm tests were very difficult.

□ 試験が間近にせまった。

The examination is near at hand.

□ 進路について悩んでいる。

I've been worrying about which school to go to.

●24時間，英語で書く

ダイエット・酒《語句・例文》

【ダイエット】

□ 体を鍛えなくちゃ。

I've got to get in shape.

□ エアロビクスをする。

I do aerobics.

□ 体重が２キロ減った。

I lost 2 kilograms.

□ 最近，体重が減った。

I lost weight recently.

□ ダイエット中。

I am on a diet.

□ 体重を減らそうと努力しているの。

I am trying to lose weight.

□ ジョギングするわ。

I will go jogging.

□ 私はもっと運動をする必要がある。

I have to get more exercise.

□ 少し太ってしまった。

I gained some weight.

I put on some weight.

太っちゃった。

I want to get in shape.

体を鍛えたい。

I have to go on a diet.

ダイエットを始めなくては。

【酒】

□ 悪酔いした。

I drank too much and got sick.

□ 飲みすぎた。

I drank too much.

□ 顔がむくんでいる。

My face is swollen.

□ 二日酔いだ。

I have a hangover.

□ つきあい程度しか飲まない。

I am a social drinker.

● 24時間，英語で書く

喜怒哀楽《語句・例文》

●プラスの気分

□ とっても感動した。

I am deeply moved.

□ 自分をほめてあげたい。

I should be proud of myself.

□ ほっとした。

I am relieved.

□ とてもドキドキしている。

I am so excited.

□ すごく自由って感じ。

I feel so free.

□ 今日は上機嫌だ。

I am in a good mood today.

□ 待った甲斐があった。

It was worth waiting.

□ 絶対にあきらめない。

I will never give up.

□ 生活を一新する。

I will change my life.

I finally did it! ついにやった！

I was so excited that I couldn't sleep a wink. ワクワクして一睡もできなかった。

I should be proud of myself.

自分をほめてあげたい。

□ 今日は楽しかった。

I had fun today.

□ 希望を失わない。

I won't lose hope.

□ やった！

I made it!

□ とってもいい気分。

I feel terrific.

□ やるといったらやる。

I will do it because I said I would.

□ ラッキー！

How lucky for me!

□ 最高！/ 絶好調！

Great! / Super!

□ 私は運が良かった。

I was lucky.

□ 人生，悪いことばかりではない。

There are good things in life, too.

□ 時がいやしてくれる。

Time heals everything.

□ 宝くじにあたったよ。

I won a prize in the lottery.

□ ラッキーだね！

Wow, how lucky!

□ 自分の人生をもっと楽しもうと思う。

I will enjoy my life more.

□ 私の夢は実現しつつある。

My dream is gradually coming true.

□ 夢がかなった！

My dream came true.

□ 毎日成果をあげるわ。

I will be productive every day.

□ 自分の目標に向かって一生懸命頑張る。

I will work hard on my goals.

□ 一つひとつ着実にやっていきましょう。

Let’s take it step by step.

I got my wish. 願い事がかなった。

I am so happy! 私はなんて幸せなのかしら！

It is the greatest day of my life. 私の人生の中で最高の日。

□ 当たって砕けろ。

Nothing ventured, nothing gained.

□ 最善をつくそうよ。

Let's do our best.

□ 夢見たい。

I'm walking on air.

□ うきうきしているの

I'm on cloud nine.

□ 私の胸は希望でいっぱい。

My heart is filled with hope.

□ 私の成功は運のおかげ。

I owe my success to luck.

□ 気分は最高！

I feel splendid.

● 24時間，英語で書く

喜怒哀楽《語句・例文》

●マイナスの気分

□ うんざりしている。

I am fed up with it.

□ どうだっていい！

I can’t be bothered!

□ がっかり。

I am disappointed.

□ 頭の中がゴチャゴチャ。

I am so confused.

□ またしくじっちゃった。

I did it again.

□ もうやってられない。

I can’t take it anymore.

□ ショックだった。

I was so shocked.

□ 近頃イライラする。

I get upset easily lately.

□ ちょっと悲しい。

I feel a little sad.

I did it again. またしくじっちゃった。

I am tired of it. もうイヤになっちゃた。

Give me another chance.
もう一度チャンスをくれ。

□ 寂しい。

I feel lonely.

□ 緊張している。

I feel nervous.

□ つらい。

I feel blue.

□ 頭にきた。

I've had it.

□ 心細いわ。

I feel insecure.

□ 怖かった。

I got scared.

□ 言い過ぎちゃった。

I said too much.

□ 私は運が悪かった。

I was unlucky.

□ ばかなことしちゃった。

I've made a fool of myself.

□ 二度としない。

I will never do that again.

□ 私はむっとしている。

I am annoyed.

□ 現実は厳しいよ。

Life is not easy.

□ 同情なんかいらない。

I don't need sympathy.

□ 気持ちが沈んでいる。

I feel down.

□ 危険な賭けはできない。

I can't bet on risky things.

□ 誰も自分のことをわかってくれない。

No one understands me.

□ イライラしている。

I am irritated.

□ 人生なんてそんなもの。

Such is life.

I feel worried about my future.

将来に不安を感じる。

It is not fair.

不公平だ。

Play fair!

公平にして！

□ あの頃は良かった。

Those were the days.

□ 過去には戻れない。

There's no going back.

□ もう一度若くなれたら。

I wish I were young again.

□ 私の人生を返してくれ。

I want my life back.

□ 私は仕事ばかりの人生だった。

I was never free from work.

□ 私の夢は破れた。

My dream didn't come true.

●24時間，英語で書く

友情・恋愛《語句・例文》

●プラスの気分

□ 彼はやさしい。

He is kind.

□ 彼女に一目惚れした。

I had a crush on her.

□ 彼女はぼくの理想の人。

She is my dream girl.

□ 彼は私の理想の人。

He is my Mr. Right.

□ 彼は私をとても幸せな気分にさせてくれるの。

He makes me very happy.

□ 彼に夢中なの。

I'm crazy about him.

□ なんてステキな出会いなんでしょう！

What a surprising meeting!

□ 彼にデートに誘われるなんてうれしい。

I am glad he asked me out.

□ ぼくは彼女とデートしたい。

I want to date her.

He is so handsome.

彼はとってもハンサム。

He is sweet.

彼はやさしい。

I hope he will like me.

彼，私のこと好きになってくれないかな。

□ 彼女は魅力的だ。

She is attractive.

□ 彼とテニスをした。

I played tennis with him.

□ 私はまるで夢のなかにいるような気がする。

I feel as if I am in a dream.

□ 私たち今幸せ。

We are happy together.

□ 新しい彼ができた。

I've got a new boyfriend.

□ 彼が私にラブレターを送ってきた。

He sent me a love letter.

□ とっても幸せ！

I am so happy!

□ 私は彼を二度と裏切らない。

I will never betray him again.

□ 今晩デートするのよ。

We're going on a date tonight.

□ 私はあなたの味方よ。

I'm on your side.

□ 彼は気持ちが若い。

He is young at heart.

□ ぼくは君の願いをかなえてあげるよ。

I will grant you your wish.

□ 彼とは気が合う。

I hit it off well with him.

□ 彼と会うのが楽しみだな。

I can't wait to see him.

□ よりを戻すかもしれない。

We might get back together again.

□ 彼は失恋から立ち直った。

He got over an unhappy love affair.

I am always thinking about him.

私はいつも彼のことばかり考えている。

I am in love with him.

私は彼に恋している。

I want him to propose to me.

彼は，私にプロポーズしてくれないかなぁ。

□ 彼女のためなら何でもするよ。

I will do anything for her.

□ タクヤと婚約した。

I got engaged to Takuya.

□ 彼と私は結婚するの。

He and I are going to get married.

□ 私は妻を愛している。

I love my wife.

□ 私は夫を愛している。

I love my husbsnd.

友情・恋愛《語句・例文》

●マイナスの気分

□ 彼は私のタイプではない。
He is not my type.

□ 彼とは気が合わない。
He is difficult to get along with.

□ 彼って本当にせこいわ。
He is really small-minded.

□ 彼にはもううんざり。
I am fed up with him.

□ 彼はやきもち焼きなの。
He is jealous.

□ 彼は口ばっかり。
He is all talk.

□ 彼は失礼なやつだな。
He is such a rude guy.

□ 私は彼を許さない。
I won't forgive him.

□ 頭にくるなあ！
That really makes me angry!

My boyfriend cheated on me.

彼が浮気をした。

I can't bear the sight of him!

もう顔も見たくない！

Get out of my life!

二度と顔を出すな！

□ あなたなんか嫌い。

I hate you!

□ 彼にはむかつくよ。

He gets on my nerves.

□ 彼のことは信じられない。

I don't believe him.

□ だまされた気がする。

I feel cheated.

□ 恋人とうまくいっていない。

I have boyfriend [girlfriend] trouble.

□ 彼はこの頃すごく冷たい。

He has been distant lately.

□ 彼は私を誤解している。

He doesn't understand me.

□ もう彼とデートはしない。

I won’t go out with him again.

□ もう彼は信用できない。

I can’t trust him anymore.

□ 彼はうぬぼれが強いのよ。

He is so conceited.

□ 彼，ほかの女の子とデートしたのよ。

He had a date with another girl.

□ 彼は大嘘つきだ。

He is a big liar.

□ 彼に裏切られたわ。

He betrayed me.

□ 彼とは関わりたくない。

I don’t want to get involved with him.

□ もうがまんできないよ。

I just can’t stand it.

□ 彼とけんかした。

I had a fight with my boyfriend.

□ 彼をすごく怒らせちゃった。

I made him really mad.

□ 私は彼を許さない。

I won’t forgive him.

I can't keep up with him.

彼にはついていけない。

I thought he was a nicer guy.

彼はもっとやさしい人だと思っていたのに。

I wonder if our marriage will go OK.

私たちの結婚はうまくいくかしら。

□ みじめ！

How pathetic of me!

□ 彼と別れるなんて耐えられない。

I can't bear losing him.

□ 彼女にふられた。

She broke my heart.

□ 彼に傷づけられた。

He hurt me.

□ 彼に捨てられた。

He dumped me.

□ 今日，彼を振った。

I broke up with him today.

□ 別れることはつらいよ。

Breaking up is hard to do.

● 24 時間，英語で書く

仕事・職場《語句・例文》

●プラスの気分

□ 給料日だ。

It’s payday today.

□ 給料が上がったんだ。

I just got a raise.

□ 昇進した。

I got promoted.

□ 契約が取れた。

I got the contract.

□ 自分をほめてあげたい。

I should be proud of myself.

□ 交渉がうまくいった。

The negotiation went well.

□ 出張していた。

I was away on business.

□ 商談がうまくいった。

The business negotiations were successful.

□ マイペースでやっている。

I work at my own pace.

I got a job.

就職が決まった。

I've found a new job.

新しい仕事が見つかった。

I am relieved to get a job.

仕事が見つかってほっとした。

□ 仕事は順調にいっている。

I am making good progress in my work.

□ やる気満々。

I am motivated.

□ 災い転じて福となる。

Bad luck often brings good luck.

□ 会社を辞められるなんてうれしい。

I'm happy to leave the company.

□ 今さら後戻りできないよ。

It's too late to turn back now.

□ 辞めたぞ～！

I quit!

□ バイトを探しているんだ。

I'm looking for a part-time job.

● 24時間，英語で書く

仕事・職場《語句・例文》

●マイナスの気分

□ 仕事がつまらない。

I'm bored with my job.

□ 仕事がハードだった。

The work was hard.

□ 会社に行きたくないなあ。

I don't want to go to work.

□ 上司と合わない。

I don't get along with my boss.

□ 会社が面白くない。

My company is not interesting.

□ 毎晩残業をしなければならない。

I have to work overtime every night.

□ この仕事に向いてない。

I'm not suited for this job.

□ 一生懸命仕事する気になれない。

I don't feel like working hard.

□ 仕事がうまくいかない。

The work isn't going well.

I am stressed out.
ストレスがたまっている。

The salary is small with no bonuses.
給料は少ないしボーナスもないのよ。

I want to switch jobs.
転職したい。

I have to find a job soon.
早く仕事を探さなければ。

□ 会社が危ない。
Our company is in danger.

□ 同僚と合わない。
I don't get along with my co-workers.

□ 私の給料は安い。
My salary is low.

□ 仕事を辞めたいわ。
I want to quit my job.

□ 会社を辞める決心をした。
I've decided to quit my job.

□ 就職活動はストレスがたまる。
Job-hunting is stressful.

□ 仕事が決まらない。
I can't find a job.

● 24時間，英語で書く

天気・天候《語句・例文》

□ 天気がとても良かった。

The weather was so nice.

□ 今日は小春日和だ。

We are having an Indian summer today.

□ 今日はとても蒸し暑い。

It’s very hot and humid today.

□ 摂氏 32 度だ。

The temperature is 32 degrees Centigrade.

□ 夕方には涼しくなった。

It became cool in the evening.

□ とっても冷えるわ。

What a chilly day!

□ 今朝は寒かった。

It was cold this morning.

□ 寒い日はうんざり。

I am tired of cold days.

□ 雨続きで嫌になる。

I am tired of rainy days.

□ 台風が近づいている。

A typhoon is coming this way.

▶ The cherry blossoms are in full bloom. 桜が満開だ。
▶ It is the season for cherry blossoms. 桜の季節だ。
▶ It is the hydrangea season. 紫陽花の季節だ。
▶ The rainy season has set in. 梅雨に入った。
▶ The rainy season is over. 梅雨が終わった。
▶ It was a dry rainy season. から梅雨だった。
▶ The end of the rainy season was announced today. 今日，梅雨明けが発表された。

□ 夕立にあった。

I was caught in a shower.

□ びしょぬれになった。

I got soaked.

□ 虹が出た。

A rainbow appeared.

□ 雨ばかりの日々にうんざり。

I'm sick of rainy days.

□ 明日天気になれ！

Rain, rain go away.

□ 今年の冬は例年になく暖かい。

This winter is exceptionally warm.

□ 今日は秋晴れだ。

Today is a beautiful autumn day.

衣類・ファッション《語句・例文》

【衣類】

□ 身につけている	wear
□ ズボン / スラックス	pants
□ スカート	skirt
□ ジーンズ	jeans
□ 着る [はく]	put on
□ シャツ	shirt
□ Tシャツ	T-shirt
□ 正装	formal wear
□ ソックス	socks
□ パンティーストッキング	pantyhose
□ 伝線している	have a run
□ パンツ	underpants
□ パジャマ	pajamas
□ 袖	sleeve
□ 喪服	mourning clothes
□ タイトスカート	slim skirt

I'm looking for a T-shirt.
Tシャツを探しているんです。

My pantyhose have a run in them.
私のパンストが伝線している。

I bought three pairs of socks.
ソックスを３足買いました。

I have five pairs of pajamas.
私はパジャマを５着持っています。

【ファッション・アクセサリー】

- □ めがね　glasses
- □ コンタクトレンズ　contacts
- □ 化粧品　cosmetics
- □ 鏡　mirror
- □ 手鏡　hand mirror
- □ 口紅　lipstick
- □ 香水　perfume
- □ イアリング　clip-on earrings
- □ 指輪　ring
- □ 婚約指輪　engagement ring
- □ マニキュア（をする）　manicure
- □ アクセサリー　accessories

□ カフスボタン	cuff links
□ ブレスレット	bracelet
□ 宝石	jewel
□ ハンカチ	handkerchief
□ かばん / バッグ / 袋	bag
□ 書類かばん	briefcase
□ 財布	wallet
□ 小銭入れ / ハンドバッグ	purse
□ 手帳	date book
□ 腕時計	watch
□ 雨傘	umbrella
□日傘	parasol

□ ダイヤの指輪が欲しいわ。

I want a diamond ring.

□ 彼には宝石を見る目がないわ。

I don't think he has an eye for jewelry.

□ 私の財布が盗まれた。

My wallet was stolen.

□ 私の手帳が見つからない。

My datebook is missing.

● 24時間，英語で書く

食材《語句・例文》

【食材「野菜」】

□ 大ナス	eggplant
□ キュウリ	cucumber
□ 白菜	Chinese cabbage
□ レタス	lettuce
□ 長ネギ	green onion
□ ニンジン	carrot
□ セロリ	celery
□ もやし	bean sprouts
□ トマト	tomato
□ ジャガイモ	potato
□ ピーマン	green pepper
□ ショウガ	ginger
□ ダイコン	Japanese radish
□ ワサビ	horseradish
□ ほうれん草	spinach
□ キャベツ	cabbage
□ 玉ネギ	onion

【食材「魚介類」】

- □ マグロ　tuna
- □ カツオ　bonito
- □ サバ　mackerel
- □ イワシ　sardine
- □ シタビラメ　sole
- □ カレイ　flatfish
- □ ウナギ　eel
- □ フグ　globefish
- □ サケ　salmon
- □ タイ　sea bream
- □ アジ　horse mackerel
- □ サンマ　saury
- □ イクラ　salmon roe
- □ クルマエビ　prawn
- □ 伊勢エビ　lobster
- □ イカ　squid
- □ アワビ　abalone
- □ カニ　crab
- □ ウニ　sea urchin

【食材「肉」】

- □ 牛肉　beef
- □ 子牛の肉　veal
- □ 豚肉　pork
- □ 羊の肉　mutton
- □ 子羊の肉　lamb
- □ 鶏肉　chicken
- □ 七面鳥　turkey

● 24時間，英語で書く

調味料・台所用品《語句・例文》

【調味料】

□ 調味料　seasoning
□ 油　oil
□ 食塩　salt
□ 砂糖　sugar
□ しょう油　soy sauce
□ こしょう　pepper
□ 唐辛子　red pepper
□ からし　mustard
□ にんにく　garlic
□ マスタード　mustard sauce
□ ハーブ　herb
□ 酢　vinegar

【台所用品】

□ 台所　kitchen
□ 食器棚　cupboard
□ 包丁　kitchen knife
□ まな板　cutting board
□ 流し　sink
□ 流し台　counter
□ 三角コーナー　sink strainer
□ 中華なべ　wok
□ 深いなべ　pot
□ フライパン　frying pan
□ やかん　kettle
□ （特に肉皿の）大皿　platter
□ スープ皿　soup plate
□ 平皿　plate
□ はし　chopsticks
□ お玉　ladle
□ 盆　tray
□ 布きん　dish towel
□ つまようじ　toothpicks
□ 栓抜き　bottle opener
□ 包丁　kitchen knife
□ アルミはく　aluminum foil
□ 洗剤　detergent

● 24 時間，英語で書く

料理する① 《語句・例文》

□ ～を料理する	cook
□ 半分に切る	halve
□ 四つに切る	quarter
□ 立方体に切る	cube
□ さいの目に切る	dice
□ みじん切りにする	mince
□ 乱切り	chop
□ 皮をむく	peel
□ つぶす	mash
□ こねる	knead
□ のばす	spread
□ 混ぜ合わせる	mix
□ 軽くかき混ぜる	toss
□ 強くかき混ぜる	beat
□ 混ぜ合わせる	blend
□ ちょっと漬ける	dip
□ まぶす	coat
□ こす	strain
□ 加える	add

□ 注ぐ	pour
□ 解凍する	defrost
□ 加熱する，暖める	heat
□ 電子レンジで温める	microwave
□ 湯通しする	parboil
□ ゆでる	boil
□ 蒸す	steam
□ コトコト煮込む	simmer
□ 煮込む	stew
□ 味つけする	season
□ 薄める	dilute
□ 濃くする	thicken
□ 揚げる [フライにする]	fry
□ 炒める	stir-fry
□ 直火で焼く	grill
□ (オーブンで) 焼く	bake
□ 強火で網焼きする	broil
□ きつね色に焼く	toast
□ (肉を) 天火で焼く	roast
□ 煎る	parch
□ 冷やす	chill
□ パラパラと振りかける	sprinkle

●24時間、英語で書く

料理する②《語句・例文》

□ 玉ねぎをみじん切りにする。

Mince some onions.

□ もう少し塩を加える。

Add a little more salt.

□ シチューに水を注ぐ。

Pour some water into the stew.

□ 3つの卵を5分間ゆでる。

Boil three eggs for five minutes.

□ 野菜を湯通しする。

Parboil the vegetables.

□ この魚を網焼きにする。

Broil these fish.

□ 肉と野菜を炒めます。

Stir-fry meat and vegetables.

□ それらを30分くらい冷蔵庫で冷やす。

Chill them for about 30 minutes.

□ それを電子レンジで2分間温める。

Microwave it for two minutes.

□ 塩とこしょうを少々ふりかける。

Sprinkle a dash of salt and pepper.

● 24時間，英語で書く

家電《語句・例文》

□ テレビ	TV (set)
□ 液晶テレビ	LCD TV (set)
□ プラズマテレビ	plasma TV (set)
□ 掃除機	vacuum cleaner
□ 冷蔵庫	fridge / refrigerator
□ エアコン	air conditioner
□ 電子レンジ	microwave oven
□ 炊飯器	rice cooker
□ 食器洗い機	dishwasher
□ 洗濯機	washing machine
□ アイロン	iron
□ ドライヤー	hair dryer
□ ひげそり	shaver
□ ミニコンポ	compact stereo
□ ビデオカメラ	camcorder
□ デジカメ	digital camera
□ ミキサー	blender
□ 換気扇	fan

文房具《語句・例文》

□ 文房具店	stationery shop
□ 文房具	stationery
□ 筆記用具	writing materials
□ ボールペン	ballpoint pen
□ 万年筆	fountain pen
□ 鉛筆	pencil
□ 鉛筆削り	pencil sharpener
□ ペンシル	mechanical pencil
□ 便せん	letter pad
□ 消しゴム	eraser
□ サインペン	marker
□（接着用）のり	paste
□ チューブ入りのり	tube of paste
□ セロテープ	cellophane tape
□ 定規	ruler
□ 三角定規	triangle
□ はさみ	scissors
□ 巻き尺	tape measure
□ カッター	paper cutter

● 24時間，英語で書く

金銭・ローン・株…《語句・例文》

□ 銀行	bank
□ 預金口座	bank account
□ 預金，を預ける	deposit
□ 利子	interest
□ 現金	cash
□ 購入	purchase
□ 支払い	payment
□ (ローンの) 月々の返済	monthly payment
□ ローン / 貸付金	loan
□ 銀行ローン	a bank loan
□ 住宅ローン	a housing loan
□ ローンで買う	buy a car with a loan
□ ローンを組む	arrange [set up] a loan
□ 株が上がる	one's stock rises
□ 株が下がる	one's stock falls
□ 株価	a stock price
□ 株を買う [売る]	buy [sell] stocks
□ 株でもうける [損する]	make [lose] money on the stock market

● 24時間，英語で書く

ガーデニング《語句・例文》

□ 庭	yard
□ （草木や花壇などがある）庭	garden
□ 家庭菜園	kitchen garden
□ 芝生	lawn
□ 芝生を刈る	mow the lawn
□ 生垣	hedge
□ 植木鉢	flowerpot
□ 土	soil
□ 雑草	weed
□ 花壇	flowerbed
□ 咲く	bloom
□ 枯れる	wither
□ 草	grass
□ 育てる	cultivate / grow
□ ホース	hose

□ あした天気がよければ，芝生を刈る。
If it's nice tomorrow, I will mow the lawn.

□ 花が咲いている。
The flowers are in bloom.

□ 彼女は植木に肥料を与えている。
She is fertilizing the plants.

●24時間，英語で書く

住居〈屋内〉《語句・例文》

□ 玄関	entrance
□ 階段	stairs
□ 廊下	hallway
□ 居間	living room
□ 棚	bookshelf
□ 家具	furniture
□ タンス	chest of drawers
□ 洋服ダンス	wardrobe
□ ソファ	couch
□ ひじかけいす	armchair
□ 床	floor
□ 床の間	alcove
□ じゅうたん	carpet
□ 窓ガラス	windowpane
□ カーテン	curtains
□ 壁	wall
□ 天井	ceiling
□ 蛍光灯	fluorescent lamp
□ コンセント	outlet
□ 押し入れ	closet

● 24時間，英語で書く

コンピュータ《語句・例文》

□ パソコン	personal computer（PC）
□ ハードディスク	hard disk
□ ソフト	software
□ アプリケーション（ソフト）	application
□ フロッピーディスク	floppy disk
□ コピー機・複写機	copy machine
□ ノート型パソコン	notebook [laptop] computer
□ 据え置き型パソコン	desktop computer
□（パソコンの）モニター	monitor
□ プリンタ	printer
□ キーボード	keyboard
□ マウス	mouse
□ コンピュータにデータを入力する	input data into a computer
□ コンピュータを操作する	operate a computer
□ 充電する	charge the battery
□ CD にデータを書き込む	write data onto a CD

自然・環境《語句・例文》

□ 環境	environment
□ 地球	globe
□ 地球的な	global
□ 環境にやさしい	eco-friendly
□ 自然，天然	nature
□ 自然環境	natural environment
□ 汚染，汚濁	pollution
□ 大気汚染	air pollution
□ 水質汚染	water pollution
□ 光化学スモッグ	photochemical smog
□ 騒音公害	noise pollution
□ 産業廃棄物	industrial waste
□ 土壌汚染	soil contamination
□ 二酸化炭素	carbon dioxide
□ 排気ガス	exhaust
□ 酸性雨	acid rain
□ 温室効果	greenhouse effect
□ オゾン層	ozone layer
□ ダイオキシン	dioxin
□ 地球温暖化	global warming

● 24時間，英語で書く

電話・郵便《語句・例文》

□ 電話	telephone
□ 電話ボックス	telephone booth
□ 公衆電話	public phone
□ 電話帳	telephone directory
□ 電話番号	phone number
□ 市内通話	local call
□ 市外通話	out-of-town call
□ 国際電話	international call
□ 電話局	telephone company

【郵便】

□ 郵便	mail
□ 郵便局	post office
□ 手紙	letter
□ はがき	postcard
□ 切手	postage stamp
□ 封筒	envelope
□ 郵便番号	zip code
□ 速達	special delivery
□ 郵便小包	parcel post
□ 書留	registered mail
□ 消印	postmark

● 24時間，英語で書く

経済・時事・政治《語句・例文》

□ 物価，価格	price
□ 株	stock
□ 株主	stockholder
□ 為替	exchange
□ 市場	market
□ 金融	finance
□ 金融市場	money market
□ 金融恐慌	financial panic
□ 為替レート	exchange rate(s)
□ 投資	investment
□ 株式市場	stock market
□ 好景気	prosperity
□ 不況	recession
□ 景気変動	business cycle
□ 消費	consumption
□ 政治	politics
□ 政策	policy
□ 裁判	justice
□ 選挙	election
□ 選挙権	right to vote

● 24時間，英語で書く

街中《語句・例文》

□ 街中の通り	street
□ 道 [道路]	road
□ 歩道	sidewalk
□ 交差点 [十字路]	intersection
□ 横断歩道	crosswalk
□ 交通信号	traffic light
□ 橋	bridge
□ 商店街	shopping street /arcade
□ 交番	police box
□ コンビニ	convenience store
□ スーパー	supermarket
□ デパート	department store
□ パン屋	bakery
□ 肉屋	butcher shop
□ 薬局	drugstore
□ 本屋	bookstore
□ 花屋	flower shop
□ クリーニング屋	dry cleaner
□ 市 [区] 役所	city hall [ward office]
□ 病院	hospital
□ 図書館	library
□ 劇場	theater

●24時間，英語で書く

車・鉄道・交通《語句・例文》

□ タクシー	taxi
□ 消防車	fire engine
□ 救急車	ambulance
□ 駐車場	parking lot
□ 運転免許証	driver's license
□ オートバイ	motorcycle
□ 自転車	bike
□ トラック	truck
□ 航空機	airplane
□ 空港	airport
□ 搭乗券	boarding pass
□ 鉄道	railroad
□ 電車 / 列車	train
□ 新幹線	bullet train
□ 駅	station
□ 切符	ticket
□ 特急券	limited express ticket
□ 出札口	ticket window
□ 改札口	ticket gate
□ 地下鉄	subway
□ 港	harbor
□ 海岸	shore

● 24時間、英語で書く

健康＆体調《語句・例文》

□ 頭痛がする。

I have a headache.

□ 歯が痛む。

I have a toothache.

□ かぜをひいた。

I have a cold.

□ 熱が 38 度ある。

I have a temperature of 38 degrees.

□ 胸やけがする。

I have heartburn.

□ 吐き気がする。

I feel nauseated.

□ 寒気がする。

I have a chill.

□ ちょっと熱っぽい。

I feel feverish.

□ めまいがする。

I feel dizzy.

□ 便秘している。

I am constipated.

◆痛みの種類

鈍い痛み	dull pain
周期的な痛み	pain with intervals
鋭い痛み	sharp pain
焼けるような痛み	burning pain
刺すような痛み	piercing pain
ひりひり痛い	sore

□ 2日間便秘している。
I have been constipated for two days.

□ 下痢をしている。
I have been having diarrhea.

□ 花粉症だ。
I have hay fever.

□ 生理が2週間遅れている。
My period is two weeks late.

□ 生理痛がひどい。
I have terrible cramps.

□ 薬を飲む。
I take medicine.

編集協力　音玄堂
ブックデザイン　やぶはなあきお
編集担当　斎藤俊樹（三修社）

誰でも書ける！英語ひとこと手帳

2009年11月10日　第1刷発行

編　者 ――――MEMOランダム

発行者 ――――前田俊秀
発行所 ――――株式会社三修社
〒150-0001　東京都渋谷区神宮前2-2-22
TEL 03-3405-4511　FAX 03-3405-4522
振替 00190-9-72758
http://www.sanshusha.co.jp/

印刷製本 ――――広研印刷株式会社

ISBN978-4-384-02509-5 C2082